III Premio Internacional de Poesía
III International Poetry Prize
Luis Alberto Ambroggio 2019

Al oído de una mariposa

Whisper into a butterfly's ear

Antología / Poetry Anthology

PREMIO
....
2019

Al oído de una mariposa

Primera Edición, 2021
© Hispanic Heritage Literature Organization / Mi Libro Hispano
ISBN: 978-1-951484-69-9
Snow Fountain Press
25 SE 2nd. Avenue, Suite 316
Miami, FL 33131
www.snowfountainpress.com
Dirección Editorial:
Pilar Vélez
Corrección:
Marina Araujo
Traducción:
Silvia Rafti
Diagramación editorial, diseño e ilustraciones:
Alynor Díaz

Todos los derechos están reservados. Esta publicación no puede ser reproducida, ni en todo o parte, ni registrada en un sistema de recuperación de información o transmitida por esta manera, en ninguna forma ni por ningún medio, sea mecánico, fotomecánico, electrónico, magnético, electro-óptico, por fotocopia, o cualquier otro, sin la previa autorización escrita de Snow Fountain Press, excepto en el caso de citas cortas para críticas.
Impreso en los Estados Unidos de América.

Tabla de CONTENIDO

···●···

I.
KOLOMBRINI PARAKATA* 6
Autor: Washington Daniel Gorosito Pérez

II.
TEMBLOR DE TIERRA 8
Earthquake
Autor: Iván González

III.
TRATADO DE KIOTO 12
Kioto Protocol
Autor: Luis Alberto Ambroggio

IV.
ESPERANZA DE VIDA EN SIRIA 14
Life Expectancy in Syria
Autor: Sean Salas Navarro

V.
LA ESPIRAL DEL TIEMPO 16
The Spiral of Time
Autor: Edgar Hernando Sánchez Duarte

VI.
LEYENDA DE DRYOPE 18
The Myth of Drop
Autor: Luis Alberto Ambroggio

VII.
LA TIERRA RECUERDA 20
The Earth Rememberbers
Autor: Antonio Ramírez Córdova

VIII.
QUÍONE 22
Chione
Autor: Valeria Susana Rodríguez Hernández

IX.
ODA A ESTE RÍO PURO DE MONTAÑA 24
Ode to his pure Mountain River
Autor: Luis Alberto Ambroggio

X.
A PINTAR 26
To Paint
Autor: Santiago Ernesto Müller

XI.
K'UYCHI 28
Autor: Francesca Ximena Gonzáles

XII.
SEMILLA 30
Autor: Luis Alberto Ambroggio

XIII.
ESPÍRITU DEL ÁRBOL 32
Spirit of the Tree
Autor: Ana A. Machena Segura

XIV.
YO ME PREGUNTO 36
I Ask Myslf
Autor: Raúl Oscar Ifrán

XV.
FRESCURA 40
Freshness
Autor: Luis Alberto Ambroggio

ACTA DEL JURADO 45
Jury Act

BIOGRAFÍAS 51
Biographies

Kolombrini Parakata[1]

Washington Daniel Gorosito Pérez
(Uruguay)

El bosque vuelve apocalíptico
el silencio.
Los pinos y oyameles están ansiosos
por la espera.
Todo es equilibrio,
se apacigua el viento
y conversa con las nubes.
Las monarcas*,
mariposas resplandecientes,
fluyen de norte a sur.
Inquieta sombra,
mosaicos de vida,
pétalos deshojados caen del cielo.
Náufragas naranja y oro,
embriagadas de sol,
buscando su Ítaca.

[1] Las Kolombrini Parakata (mariposas monarca en lengua purépecha) migran de Canadá a los bosques del centro de México, cruzando por Guanajuato, hacia las montañas de los Estados de México y Michoacán (tierra purépecha); una verdadera odisea. La tala clandestina de oyameles y pinos hace que estos millones de mariposas vayan perdiendo sus santuarios para pasar el invierno.

The forest turns the silence
apocalyptic.
The pines and the oyamels are anxious
for the waiting.
Everything is balance,
the wind eases
and talks with the clouds.
The monarchs*,
dazzling butterflies,
flow from north to south.
Restless shadow,
mosaics of life,
loose petals fall from the sky
Orange and gold castaways,
intoxicated by the sun,
looking for their Ithaka.

---

[1] The Kolombrini Parakata (monarch butterflies in the Purépecha language) migrate from Canada to the forests of central Mexico, crossing Guanajuato, towards the mountains of the States of Mexico and Michoacán (Purépecha land); a real odyssey. The clandestine logging of oyamels and pines causes these millions of butterflies to lose their sanctuaries to spend the winter.

Temblor de Tierra

Iván González García
(España)

¡Ahora dejadme con el bálsamo de las jaras y la textura del granito
    de la valla del castillo, con la maldita memoria selectiva
palpitando como un corazón y cortando el viento frío de la sierra de Guadarrama
    y las voces de la gente y el hambre del cuerpo ido! ¡Dejadme porque es
                                      [viernes y ya salí del aire
insalubre de la empresa acristalada
    abajo en la ciudad
adiós a esa legión de chupatintas que amarrados a las pantallas de los ordenadores
    juegan renqueantes como la esperanza de un castrado a salvar el mundo!

¡Ahora dejadme respirar el nocturno juego damasceno de la gallina ciega
    ya lejos de vocingleros altruistas con escondidos látigos!
¡Dejadme a ella y a mí solos en nuestra solitud de cumbres albas
    que abajo queda todo asomándose a su espejo de madrastra depravada
lejos de este temblor de pino que me abraza en su escalada,
    de este ardor de ansias reducido a foscas cenizas de resignación entre semana!
                                                [Porque la
semana pasa a cuchillo a la gente en su satén de progreso.
    ¡Dejadme en este río lejos de quienes conducen los mandos de la vesánica
                                                   [granja de poder
conducente a un agujero negro sideral de espaldas a la ley
    universal del Creador!
    A veces me anochece escalando y ahí queda la bóveda que borra el mundo de
                                                   [abajo con su grito
bronco masivo, tachón erigido sobre endebles cimientos
    explotación de unos sobre otros; flamea el combate en los canibalismos
                                                   [políticos y las dictaduras
económicas, la más triste derrota de la especie.

Al oído de una mariposa

¡Dejadme bajo estas trémulas estrellas en la mirada misericordiosa de las cosas,
    allende la geometría de las cargas ante la amenaza de desorden!
¡Dejadme aquí, anarquía mística del tomillo!
    ¡Dejadme hollar la nieve virgen de la cumbre, despacio, porque a la
                                            [humanidad le
quedan pequeños los pantalones de campana de la autocracia y es hora de jubilar
                                                            [a toda una
    generación de cínicos!
Yo no pido una historia descafeinada de España que devuelva la Alhambra a los
    descendientes de Boabdil; guardar luto nacional por la conquista de América;
                                                             [poner en
cuarentena a la monarquía.
    No pido nada a nadie cuando veo la cal blanca de las casas
todavía duerme la sangre fresca de los vecinos represaliados.

    ¡Dejadme, dejadme, ahora, solo, con la memoria atroz que tatuó mi alma de
                                                           [crío! Eso es todo.
Nada puede borrar la dinamita, abajo los accidentes, yo los sirvo entre semana
    imbricado de veras en sus subterfugios,
pero los lunes, abajo como digo, en la ciudad, no ahora, aquí, así que ahora aquí
                                                           [dejadme abrazar
este repentino temblor regio!

¡Ahora, aquí, soy un hombre con mayúsculas que no resulta solvente y porta,
    un instante, monte arriba, la llama pura de la condición humana

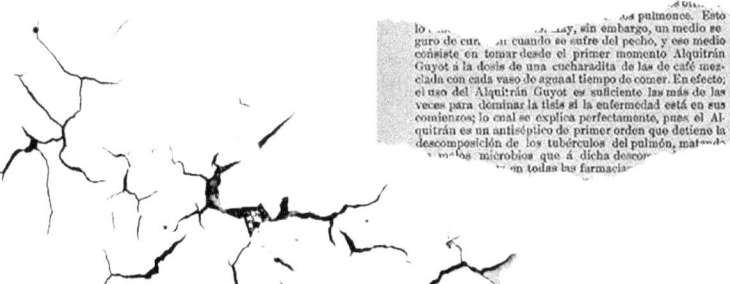

Earthquake

••●•••

Iván González García
(Spain)

Leave me now with the balm of the cistus and the texture of the granite
    of the castle's gate, with the cursed selective memory
beating like a heart and slashing the cold wing of the Sierra de Guadarrama
    and the voices of people and the hunger of the body gone! Leave me
                                     [because it's Friday and I
already left the unhealthy air of the glassed-in company
    down in the city
goodbye to that legion of penpushers who chained to the computer monitors
    play limping like the hope of a castrated to save the world!

Let me now breathe the nocturnal Damascene game of the blind man's bluff
    already far from talkative altruists with hidden whips!
Leave her and me alone in our loneliness of dawning summits
    that down below everything is looking into its mirror of depraved stepmother
far from this tremor of pine que hugs me in its climbing,
    of this burning of desire reduced to dark ashes of resignation during the
                                     [week! Because the
week puts people to the sword in its progress of sateen.
    Leave me in this river far from those who direct the leadership of the raging
                                     [power farm
leading to a sidereal black hole with its back to the universal
    law of the Creator!
    Sometimes nightfall catches me climbing and there stays the dome that
                                     [erases the world down
below with its massive loud scream, a tack erected over unstable foundation
    exploitation of some by the others; burns the fight in the political cannibalism
                                     [and the economic
dictatorships, the saddest defeat of the species.

Al oído de una mariposa

Leave me under these tremulous stars in the merciful sight of things,
>beyond the geometry of the burdens before the threat of disarray!
Leave me here, mystic anarchy of thyme!
>Let me leave tracks on the virgin snow of the summit, slowly, because
>>>>>[for humanity
the bell-bottom trousers of the autocracy are too small and it's time to retire an entire
>generation of shameless people!
I'm not asking for a decaf version of Spain that would return the Alhambra to
>the descendants of Boabdil; national mourning for the conquest of America;
quarantine the monarchy.
>I'm not asking anyone for anything when I see the white lime of the house
where the fresh blood of the persecuted neighbors still sleeps.

>Leave me, leave me, now, alone, with the atrocious memory that tattooed my
>>>>>[soul as a child!
That's all. Nothing can erase the dynamite, the accidents below, I serve them
>>>>>[during the week
>overlapping truths in their subterfuges,
but Mondays, below like I say, in the city, not now, here, so now leave me here
>embrace
this sudden regal tremor!

Now, here, I'm a man with capital letters who isn't solvent and brings,
>an instant, uphill, the pure flame of the human condition.

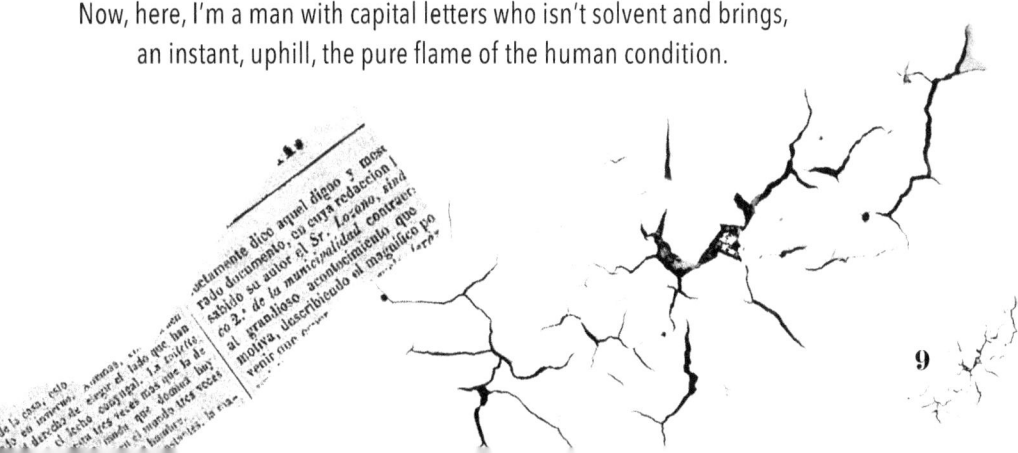

Tratado de Kioto

A Miguel Fajardo Korea

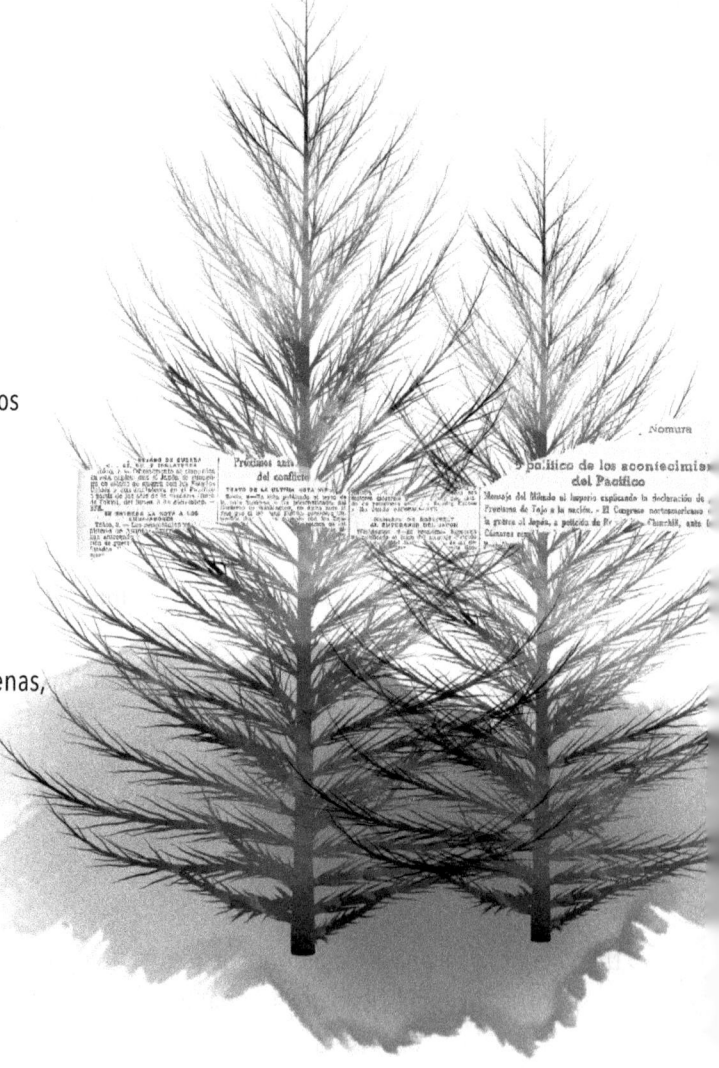

La selva aúlla
la muerte roja
a la que el hombre,
creído Dios,
somete y condena.

Yo he venido
con mi madre
a rescatar a los muertos
y ellos huyen
por puro instinto.

Quería devolverles
la sangre verde
a sus cuerpos.
Aquí, me dicen las arenas,
están los huérfanos.

El bosque es un dolor
que va perdiendo
su lenguaje oculto.

©Luis Alberto Ambroggio (del poemario *La desnudez del asombro*)

* *Protocolo acordado por países para enfrentar el cambio climático con la reducción de la emisión de gases, que Estados Unidos no ratificó para proteger su economía y del que luego se retiró y que otros países tampoco respetan, a pesar de su compromiso simbólico, con las desastrosas consecuencias para la ecología.*

Kioto Protocol*

To Miguel Fajardo Korea

The rainforest howls
the red death
that man,
believing himself God,
subdues and condemns.

I have come
with my mother
to rescue the dead
and they run away
by pure instinct.

I wanted to return
the green blood
to their bodies.
Here, the sands tell me,
are the orphans.

The forest is an ache
that loses
its hidden language.

©Luis Alberto Ambroggio (from the book of poems *The Nakedness of Amazement*)

* Protocol agreed by countries to address climate change with the reduction of gas emissions that the United States did not ratified to protect its economy, and from which it later withdrew, and which other countries do not respect despite their symbolic commitment, with disastrous ecological consequences.

Esperanza de vida en Siria

Sean Salas
(Costa Rica)

La esperanza de vida de una mosca
es de un día o menos.
No tienen tiempo para ser filosóficas.

En Siria las moscas son muy felices.
Si tuvieran boca sonreirían de antena a antena.
Si tuvieran cerebro sabrían que son moscas.

Sobrevolando un campo recién bombardeado
ven una manita sobresaliendo de los escombros,
piensan que esa manita empolvada –sin vida–
es una flor. Según las moscas, los niños
son semillas sembradas en cemento.

En ese jardín de residuos radiactivos
juegan a ser mariposas
descansando en pétalos tiesos.

Durante su corta existencia,
las moscas en Siria nunca están tristes,
hay suficientes flores para todas.

Life Expectancy In Syria

Sean Salas
(Costa Rica)

The life expectancy of a fly
is a day or less.
They do not have time to be philosophical.

In Syria flies are very happy.
If they had a mouth they would smile from antenna to antenna.
If they had a brain they would know they are flies.

Flying over a newly bombed field
they see a little hand sticking out from the debris,
they think that dusty little hand -lifeless-
is a flower. According to flies, children
are seeds sown in cement.

In that garden of radioactive residues
they pretend to be butterflies
resting on stiff petals.

During their short existence,
the flies in Syria are never sad,
there are enough flowers for all.

La espiral del tiempo

Edgar Hernando Sánchez Duarte
(Colombia)

Durante tantas y tan dilatadas eras
estuvo el frágil caracol
moldeando y acomodándose
en las vueltas de su concha,
que su acoplamiento definitivo
hoy se nos antoja perfecto.
¡No salió así de las manos del Creador!
Él también se sentó en su taburete
a esperar ese momento de gracia sublime.
Igual pasó con los bosques,
las selvas vírgenes,
las grandes urbes de arrecife.
Fíjate como todavía los soles
están mudando de piel,
y las galaxias
—como lotos multicolores—
siguen girando y acreciendo,
mientras van madurando
las unas junto a las otras,
en ese estanque límpido e infinito.
¿Cómo iba él a perderse también
semejantes portentos?

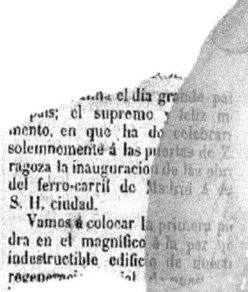

The Spiral of Time
•••●•••
Edgar Hernando Sánchez Duarte
(Colombia)

During many and prolonged eras
was the fragile snail
molding and getting comfortable
in the loops of his shell,
whose definitive fitting
today we think perfect.
It did not come out like this from the Creator's hands!
It also sat on his stool
to wait for that moment of sublime grace.
The same happened with the forests,
the rainforests,
the great reef metropolis.
See how the suns are still
shedding their skins,
and the galaxies
-like multicolored lotuses-
keep turning and increasing,
while they mature
next to one another,
in that pristine and boundless pond.
How could he also miss
such wonders?

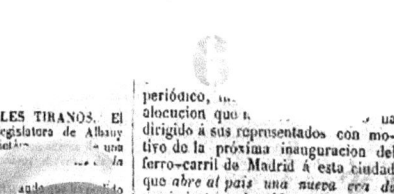

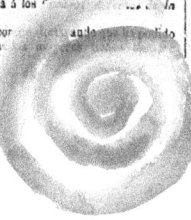

Leyenda de Dryop

Dicen que cada árbol es una diosa escondida
y que gotas de sangre brotan cuando le arrancan sus flores.

Dicen que cada árbol es una ninfa que sufre,
con el capricho de un desgajo, heridas de amor.

Dicen que cada árbol es una madre con pies de raíces
para el niño que juega bajo su sombra triste.

Dicen que estas diosas,
madres que el niño abraza en su gozo,
se enternecen con los llantos y crecen.

Dicen que la muerte se ha quedado sin árboles;
que las lágrimas ya no son fértiles;
que las mitologías han sido quemadas;
que las madres no son diosas
y que los niños ya sueñan sin bosques.

©Luis Alberto Ambroggio (del poemario *Los habitantes del poeta*)

The Myth of Dryop

•••●•••

They say each tree is a hidden goddess
and that drops of blood flow when their flowers are pulled.

They say each tree is a nymph who suffers,
with the whim of an uprooting, wounds of love.

They say each tree is a mother with feet of roots
for the child that plays under her sad shade.

They say these goddesses,
mothers the child embraces in his joy,
are moved by the weeping and grow.

They say death has ran out of trees;
that tears are no longer fertile;
that mythologies have been burned;
that mothers are not goddesses
and that children already dream without forests.

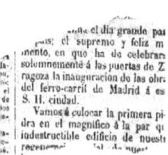

©Luis Alberto Ambroggio (from the book of poems *The Inhabitants of the Poet*)

La Tierra recuerda

Antonio Ramírez Córdova
(Puerto Rico)

La tierra recuerda
a la mano de Dios,
en la intensidad
de un paraje.
Perfecta,
como la flor silvestre.
Intocable,
como la fiesta de la lluvia.
En el eco de su voz,
hay pájaros.

The Earth Rememberbers
•••●•••
Antonio Ramírez Córdova
(Puerto Rico)

The earth remembers
the hand of God,
in the intensity
of a place.
Perfect,
like the wildflower.
Untouchable,
like the feast of the rain.
In the echo of its voice,
there are birds.

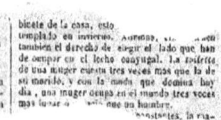

Quíone
••◦●◦••

Valeria Rodríguez
(Venezuela)

«Debo estar lejos porque no oigo a los pájaro»
Eugenio Montejo

La nieve resiste,
fractura la fábula de los grillos
su gravedad pueril
penetra el verdor naciente
    escarcha el *ballet* del pájaro de fuego,
        alarga el rostro de la alcantarilla,
        dilata las acrobacias de los cerezos.

Ella y su terquedad virginal,

su ego camaleónico,

su liviandad finita

extiende el lienzo monocromático.

Hoy soy nieve,

escucho el aullido en el punto de congelación,
me coloreo de blancos pálidos, claros y oscuros
me derrito sin miedo,

me reconozco sin trópico.

Es primavera,
la nieve resiste.

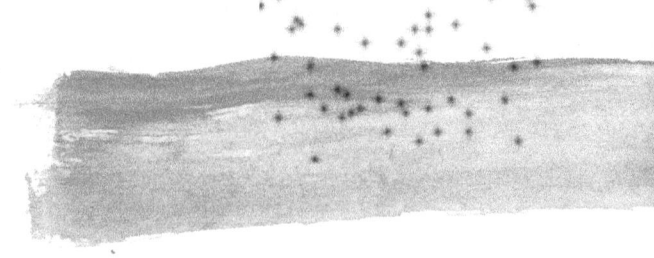

Chione

Valeria Rodríguez
(Venezuela)

"I must be far away because I can't her the birds"
Eugenio Montejo

The snow holds,
fracturing the cricket's fable
its trivial gravity
penetrating the rising greenness
　frosting the *ballet* of the fire bird,
　　　　extending the face of the sewer,
　　　　　dilating the acrobatics of the cherry trees.

She and her virginal stubbornness,

her chameleonic ego,

her finite frivolity

extends the monochromatic canvas.

Today I am snow,

I hear the howling at the freezing point,
I color myself of whites pale, light and dark
I melt without fear,

I recognize myself without a tropic.

It is spring,
the snow holds.

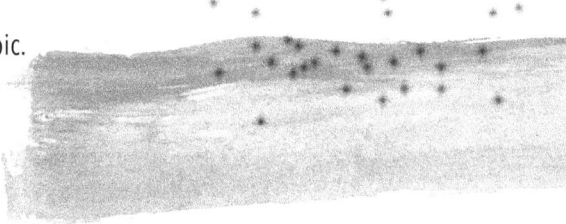

Oda a este río puro de montaña

A Ana Istarú

No es la inmensidad lo que canto
sino el detalle humilde
de sus curvas placenteras
que juegan ante mis ojos
con el instante irrepetible.

Canto el alborozo y la tristeza de su llanto
la inquieta estrechez de su llamarada de agua,
liquidez de sombras, blancura derretida
que, luego de suavizar las piedras,
corre, con su lengua de plata,
a vivir en el corazón oceánico.

Canto la longitud con que penetra
los bosques, las montañas,
la erguida dureza de los tiempos.
¿Desde dónde y desde cuándo
lo engendra la nieve, el sol, la lluvia?
¿Por qué una y otra vez se esconde
del viento que en el valle lo alborota?

Río de sábado, domingo y melodía,
¡cuántas sonrisas tienen tus versos puros!

Carbondele, Colorado, Junio 2007

©Luis Alberto Ambroggio (del poemario *La desnudez del asombro*)

Ode to his pure Mountain River
••●•••

To Ana Istarú

> *"I am yours, and you are mine*
> *in its untamed torrent"*
> Emma Margarita Valdéz

TIt is not the immensity that I sing
but the humble detail
of its delightful curves
playing before my eyes
with the unrepeatable instant.

I sing the joy and the sadness of its weeping
the restless narrowness of its water surge,
liquidity of shadows, melted whiteness
that, after softening the stones,
runs, with its silver tongue,
to live in the oceanic heart.

I sing the length in which it penetrates
the forests, the mountains,
the erect toughness of the times.
From where and since when
do the snow, the sun, and the rain conceive it?
Why does it hide time and again
from the wind that in the valley agitates it?

River of Saturdays, Sundays and melody,
how many smiles do your pure verses have!

Carbondele, Colorado, June 2007

©**Luis Alberto Ambroggio** (from the book of poems The Nakedness of Amazement)

A pintar
•• •●• ••
Santiago Ernesto Müller
(Argentina)

A pintar de blanco y rosa
volvió el almendro al sendero
para brindarle al viajero
su cielo de mariposa.
Es el almendro una glosa
que no se iguala en su encanto.
En su silencio hay un canto
cuando la noche es serena
donde se alegra la pena
y suele reír, el llanto.

    Yito

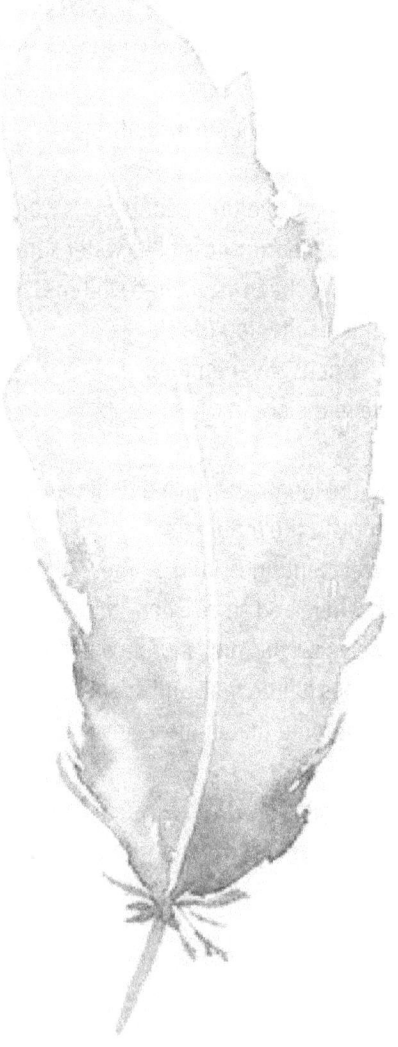

To paint
Santiago Ernesto Müller
(Argentina)

To paint in white and rose
did the almond tree return to the path
to offer the traveler
its butterfly sky.
Is the almond tree a gloss
that has no equal in its charm.
In its silence there is a chant
when the night is serene
where sadness cheers up
and tends to laugh the weeping.

Yito

K'uyshi[2]

Francesca Ximena Gonzales
(Perú)

De tu mano salieron hojas que elogiaron al sol
una muy pequeña luz se abrió desde entonces
aparecimos desnudos bajo la sombra de un árbol
y sí,
    nos transformamos en colores
Nos mecimos alegres en el agua
Nos mecimos alegres respirando
Día y noche contamos flores para exterminar el sueño
                                sin dolor ni pesar
los peces
las aves
nuestras hormigas
    nos acompañaron.
Hemos caminado desde entonces recordando esos días
cuando las nubes
el sol
los árboles
nuestros acompañantes
    sonreían con nosotros.

---

[2] *K'UYCHI*, palabra en quechua que significa *arco iris*.

K'uyshi[2]

Francesca Ximena Gonzales
(Perú)

From your hands sprouted leaves that praised the sun
and a tiny light opened since then
we apeared naked under the shade of a tree
and yes,
   we transformed into colors

We swayed happily in the water
We swayed happily breating
Day and night we counted flowers to wipe out sleep
                              without pain or
sorrow
the fish
the birds
our ants
      accompanied us.
We have walked since then remembering those days
when the clouds
the sun
the trees
our companions
     smiled with us.

---

[2] *K'UYCHI*, word that in Quechua language means Rainbow.

Semilla

•••●•••

A Elena Poniatowska

> *"Se me abre el surco entre la flor y el labio"*
> Eunice Odio

Te siento como
sílaba de alegría
que arde sobre la piel verde.

Y germino yo mismo con muchas vidas
en la gravidez del brote infinito,
un rayo duro desbocando
el patrimonio de la piedra.

Victoria que eleva
el templo de la vida
desde el fervor de las raíces.

Celebro el agua,
hijo, hija
de los besos de la tierra.
Polen en el viento de cuatro manos,
multiplicamos la unidad
para romper la frontera,
resurrecto hallazgo
de los entierros.

No somos héroes,
solo compañeros bienvenidos
en la familia sin límites
de la madre naturaleza
que continúa la ternura
en los surcos del enigma.

©Luis Alberto Ambroggio (del poemario *Luz mendiga*.)

Seed
•••●•••

To Elena Poniatowska

"My forrow opens between the flower and the lip"
Eunice Odio

I feel you like
a syllable of happiness
burning on the green skin.

And I germinate myself with many lives
in the pregnancy of the infinite sprout,
a hard ray tearing
the heritage from the rock.

Victory that elevates
the temple of life
from the fervor of the roots.

I celebrate the water,
son, daughter
of the kisses of the earth.
Pollen in the wind of four hands,
we multiply the unit
to break the border,
resurrected discovery
of the burials.

We are not heroes,
just companions welcomed
to the family without limits
of mother nature
that continues the tenderness
in the furrows of the enigma.

©Luis Alberto Ambroggio (from the book of poems *Beggar light*)

Espíritu del árbol

Ana A. Machena Segura
(República Dominicana)

Un homenaje a La mujer habitada *de Gioconda Belli*
(Notable escritora que construye a Lavinia, un personaje atractivo en su sicología).

Me atreví a entrar sin permiso a tu bosque
Transparentando esperanzas
Y quedé aturdida con
Los matices verdes
De las altivas ramas
Que desbordan dorados
Horizontes entre las hojas
Los mismos rayos del sol
Iluminaron mi ruta,
Me deslicé liviana
Entre los haces de luz.

Un laberinto glorioso
Se reveló ante mí
Mi cuerpo, flotando,
En absoluta libertad
Se despojó
de los miedos ancestrales
de las culpas y los juicios
Y solo a flor de pálpitos fluyó
Penetré tus intersticios
Abiertos.
Vi tus árboles por dentro
Más hermosos aún que desde arriba
Habité en ti...

Invoqué mi cuerpo,
Todo sol,
Huérfano de pieles
Ante el dolor soez
Del abandono.
Te pedí permiso,
Te dije ven,
Ven conmigo un instante
Respiremos juntos,
Déjame tocar tus formas...
Quiero sentir
Tus sabios instintos,
Hazme Savia-Mujer
Permíteme aspirar
Tus olores ingentes.

Asume estas formas efímeras
Forma a mis manos
Dale carne a mis pies
Imaginado árbol
Déjate morar un instante
En mi ser
Lloraremos los dos
Hagámonos uno
Y con la tierra mojada
A nuestros pies
El espíritu clamaba
Ven,
¡Habítame otra vez!

Spirit of the Tree

Ana A. Machena Segura
(Dominican Republic)

I dared to enter without permission into your forest
Revealing hopes
I was bewildered by
The green tints
Of the elevated branches
Overflowing golden
Horizons between the leaves
The sunrays themselves
Lit my way,
I slid weightless
Between the beams of light.

A glorious labyrinth
Revealed itself before me
My body, floating,
In absolute freedom
Relinquished
The ancestral fears
of guilt and judgements
An only by hunches it flowed
I penetrated your interstices
Open.
I saw your trees inside
More beautiful than from above
I lived in you…

I called upon my body,
All sun,
Orphan from skins
Before the rude pain
Of abandonment.
I asked you for permission,
I told you to come,
Come with me an instant
Let us breath together,
Let me touch your shapes…
I want to feel
Your wise instincts,
Make me Sap-Woman
Allow me to inhale
Your intense smells.

Take on these ephemeral figures
Shape my hands
Give flesh to my feet
Imagined tree
Let yourself be inhabited an instant
In my being
We will both cry
Let us become one
And with the wet soil
At our feet
The spirit cried out
Come,
Live in me again!

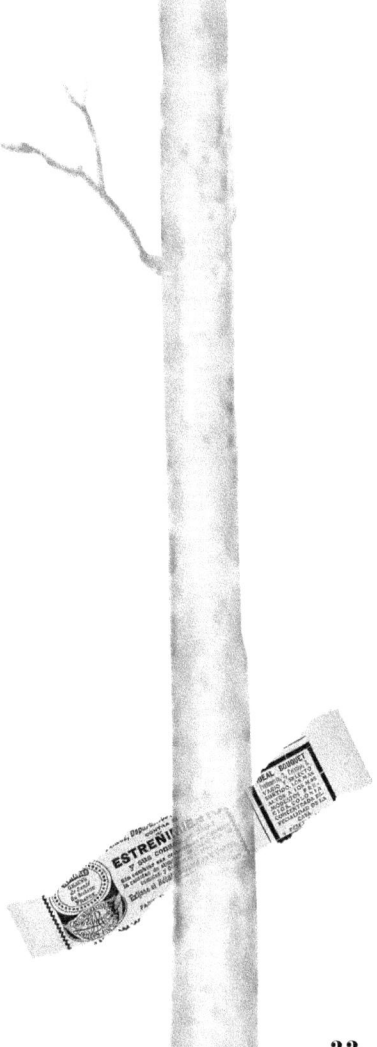

Yo me pregunto...

Raúl Oscar Ifrán
(Argentina)

Miro en la noche
Este cielo azul semillado de estrellas;
Yo me pregunto cuánto tiempo más
Podré charlar con ellas.

Vienen los vientos sucios
De quemazones, del viejo bosque en llamas.;
Yo me pregunto a dónde irán los pájaros
Que le cantaban a la Pachamama.

No sólo tierra y agua
Es este mundo que en la noche brilla
Es memoria de ancestros que sembraron
La primera semilla.

La tierra son los huesos del abuelo
El viento es la garganta
Del clan que antes le danzaba a la lluvia
Y hoy con la lluvia canta.

Tala salvaje el alma nos desmonta
Nos desnuda, nos hiere, nos abrasa
verdes fantasmas gimen a la puerta
de nuestra casa.

Se muere el pez, hay sed sin esperanza
Baja el veneno, enferma las vertientes;
Yo me pregunto por qué llora el río
Mientras canta la gente.

Pájaros negros baten sus negras alas
de humo desde un millón de chimeneas.
Yo me pregunto cuándo será el día
Ese en que el aire el aire ya no sea.

Nos acecha el desierto aquí nomás,
A la vuelta de la próxima esquina;
¡Equidistantes de la felicidad
Y, a la vez, ¡de la ruina!

Hay olas de petróleo en el vaivén del mar
Arden los polos, se derriten los hielos,
Yo me pregunto si tardará mucho
En ser el mundo sólo mar y cielo.

¡Basta hermanos, por Dios!
¡Basta de corromper lo que Dios hizo!
Regresemos al bosque primigenio.
Volvamos al solar del paraíso.

I ask myself…

Raúl Oscar Ifrán
(Argentina)

I look in the night
At this blue sky seeded with stars;
I ask myself how much longer
Will I be able to talk with them.

The winds come dirty
Of smoulderings, from the old forest in flames;
I ask myself where will the birds
That sang to the Pachamama go.

Not just soil and water
Is this world that at night shines
It is memory of ancestors that sowed
The first seed.

The earth is grandfather's bones
The wind is the throat
Of the clan that in the past danced to the rain
And today with the rain it sings.

Wild felling our soil dismantles,
It undresses us, it hurts us, it burns us
green ghosts moan at the door
of our home.

The fish dies, there is hopeless thirst
The poison falls, sickening the streams;
I ask myself why is the river crying
While the people sing.

Black birds beat their black wings
of smoke from a million chimneys.
I ask myself when will the day be
That one when the air air will not be.

The desert lies in wait for us nearby,
Around the next corner;
Equidistant from happiness
And, at the same time, ruin!

There are waves of crude in the swaying of the sea
The poles burn, the ice melts,
And I ask myself if it will take long
For the world to be only sea and sky.

Enough brothers, for God's sake!
Enough of spoiling what God made!
Let us return to the original forest.
Let us return to the site of paradise.

Frescura

Todos somos parte de una frescura.
Wallace Stevens

Anhelo ser un árbol con besos de hojas
sonriendo en el bosque al ritmo de la brisa
y brindar aposento a pájaros felices
que celebren el amor en mis brazos brotados;
dar paz, dar sombra, dar alegría,
a quien quiera respirar mi verde,
el de todas mis raíces, el de las raíces de todos,
más allá de la asfixia y los apuros del cemento,
la irritación de la rutina, al margen de los ecos,
límites, consagraciones y otros himnos edificados.

Que pinten luego con sus sueños
y el pincel de Monet,
cual las hermanas de Stevens,
lirios de agua u otros retoños
que asciendan, desde la fuente,
mariposas traslúcidas,
a un nuevo grito de luz
con perfumes de esencia clandestina.

El presente, la fecha íntima de la palabra.
La poesía habla ahora más allá de la muerte;
el entierro bajo las hojas que leemos
es un ritual eterno de apariencias,
despertamos la vivencia fresca

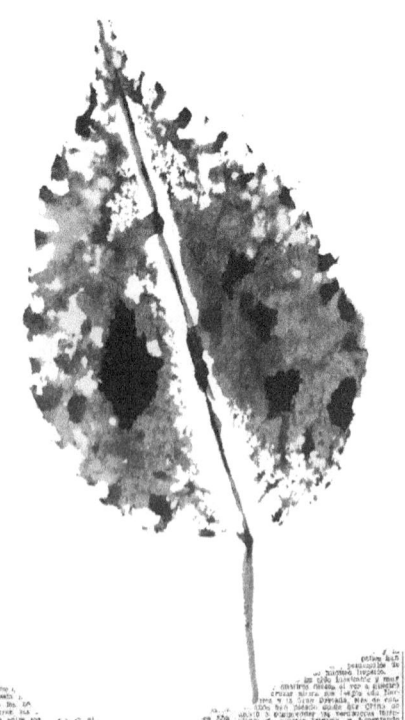

con nuestros ojos, hojas vivas,
a las que tocamos dialogando,
haciéndoles preguntas,
mientras las acariciamos con las manos,
les damos vuelta, nos apoyamos
en su cuerpo que nos pertenece,
nos refleja, nos proyecta
con la lozanía de la vez primera.

Todas las vidas tienen su propia escritura,
la frescura de un asombro sin muerte.

©Luis Alberto Ambroggio (del poemario *Todos somos Whitman*)

Freshness

We are all part of a freshness.
Wallace Stevens

I wish to be a tree with kisses of leaves
smiling in the forest at the rhythm of the breeze
and offer lodging to happy birds
that celebrate love in my arms in bloom;
give peace, give shade, give happiness,
to whoever wants to breathe my greenery,
the one of all my roots, of everyone's roots,
beyond the suffocation and the rushing of the cement,
the irritation of routine, apart from the echoes,
limits, consecrations and other constructed
hymns.

Let them paint later with their dreams
and Monet's brush,
like the sisters of Stevens,
water lilies or other sprouts
rising from the fountain,
translucid butterflies,
to a new trend of light
with aromas of clandestine essence
asking them questions,
while we caress them with our hands,
we turn them, we lean

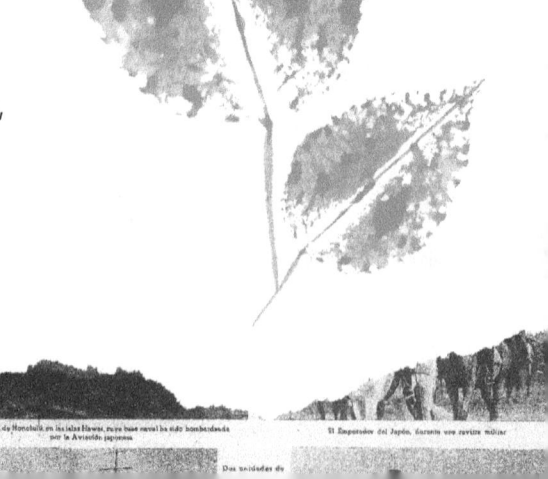

on their body which belongs to us,
that reflects us, that projects us
with the vigor of the first time.

All lives have their own script,
the freshness of and amazement without death.

©Luis Alberto Ambroggio (from the book of poems *We Are All Whitman*)

Acta del jurado

•••●•••

Jury Act

Acta del jurado
III Premio Internacional de Poesía
Luis Alberto Ambroggio

Miami, 17 de septiembre de 2020. Hispanic Heritage Literature Organization / Milibrohispano felicita a los ganadores del III Concurso Internacional de Poesía Luis Alberto Ambroggio, dedicado al medioambiente, edición 2020.

El jurado internacional, integrado por Elgar Utreras Solano (Chile), Janiel Humberto Pemberty (Colombia), Iris Mónica Vargas (Puerto Rico), Flor Viviana Naranjo Freire (Ecuador) y Pilar Vélez (Colombia), de forma unánime seleccionó a los siguientes ganadores:

Primer lugar – Washington Daniel Gorosito Pérez
Obra: *Kolombrini Parakata*

Segundo lugar – Iván González
Obra: *Temblor de tierra*

Tercer lugar: Sean Salas
Obra: *Esperanza de vida en Siria*

Cuarto lugar: Edgar Hernando Sánchez Duarte
Obra: *La espiral del tiempo*

Quinto lugar: Antonio Ramírez Córdova
Obra: *La tierra recuerda*

Sexto lugar: Valeria Susana Rodríguez Hernández
Obra: *Quíone*

Séptimo lugar: Santiago Ernesto Müller
Obra: *A pintar*

Octavo lugar: Francesca Ximena Gonzáles
Obra: *K'uychi*

Noveno lugar: Ana A. Machena Segura
Obra: *Espíritu del árbol*

Décimo lugar: Raúl Oscar Ifrán
Obra: *Yo me pregunto*

Los ganadores aceptaron las bases del concurso y aprobaron la publicación de sus obras en español e inglés en una antología bajo el sello Snow Fountain Press a beneficio de Hispanic Heritage Literature Organization/Milibrohispano.

•••

Esta edición del concurso sirvió como marco para la realización del I Festival de Poesía Ecológica Flores de las Galápagos de Hispanic Heritage Literature Organization/Milibrohispano, al que fueron convocados todos los participantes y que tuvo lugar entre el 19 y el 27 de septiembre, gracias al apoyo de Contexto Ñuble, APEPCI, Diego Bermeo, fotógrafo de Galápagos, Biblioteca Ecológica Pilar-Vélez Zamparelli y Snow Fountain Press.
Milibrohispano, el cuerpo de jurados y las organizaciones que apoyan esta iniciativa agradecen a los concursantes y a los poetas por su participación y exhortan a la comunidad a leer poesía y a ser amigos fieles de la naturaleza.

Jury Act
III Luis Alberto Ambroggio
International Poetry Competition

Miami, September 17, 2020. Hispanic Heritage Literature Organization / Milibrohispano congratulates the winners of the **III Luis Alberto Ambroggio International Poetry Competition**, dedicated to the environment, 2020 edition. The international jury, consisting of Elgar Utreras Solano (Chile), Janiel Humberto Pemberty (Colombia), Iris Monica Vargas (Puerto Rico), Flor Viviana Naranjo Freire (Ecuador) and Pilar Vélez (Colombia), unanimously selected the following winners:

First Place - Washington Daniel Gorosito Pérez
Work: *Kolombrini Parakata*

Second Place - Iván González
Work: *Earth tremor*

Third Place: Sean Salas
Work: *Life expectancy in Syria*

Fourth Place: Edgar Hernando Sánchez Duarte
Work: *The Spiral of Time*

Fifth Pace: Antonio Ramírez Córdova
Work: *The earth remembers*

Sixth Place: Valeria Susana Rodríguez Hernández
Work: *Chione*

Seventh Place: Santiago Ernesto Muller
Work: *To be painted*

Eighth Place: Francesca Ximena Gonzáles
Work: *K'uychi*

Ninth Place: Ana A. Machena Segura
Work: *Tree Spirit*

Tenth Place: Raúl Oscar Ifrán
Work: *I wonder*

The winners accepted the basis of the contest and approved the publication of their works in Spanish and English in an anthology under the Snow Fountain Press label for the benefit of Hispanic Heritage Literature Organization/Milibrohispano.

•••

This edition of the competition served as a framework for the realization of the I Festival of Ecological Poetry Flowers of the Galapagos of the Hispanic Heritage Literature Organization/Milibrohispano, to which all participants were summoned and which took place between September 19 and 27, thanks to the support of Context Auble, APEPCI, Diego Bermeo, Galapagos photographer, Pilar-Vélez Zamparelli Ecological Library and Snow Fountain Press.

Milibrohispano, the jury corps, and the organizations that support this initiative thank the contestants and poets for their participation and urge the community to read poetry and be faithful friends of nature.

Biografías
••••••
Biographies

Dr.(c). Washington Daniel Gorosito Pérez
República Oriental del Uruguay / Eastern Republic of Uruguay

Nací en Montevideo, muy al sur del continente americano, en donde la naturaleza y el medioambiente están presentes en las denominaciones de origen. El nombre de mi ciudad posiblemente proviene de: «Monte ví eu», «Yo vi un monte». La exclamación de un vigía portugués al divisar el cerro de 132 metros. El nombre del país, Uruguay, en lengua guaraní significa «río de los pájaros»; una vez más la naturaleza presente, en este caso debido a las hermosas aves de mil colores. Hace 30 años radico en México, que significa en náhuatl «el ombligo de la luna». Sí eso no es poesía, ¿qué es? La ciudad de Irapuato es mi lugar de residencia. En lengua tarasca significa: «Cerro que emerge de la llanura grande». Otra vez vivo en una ciudad cuya toponimia está marcada por una elevación de tierra aislada de menor altura que una montaña. México es el quinto país del planeta más rico en biodiversidad. Ese contacto con geografías, climas y especies tan diferentes ha marcado mi labor como docente universitario al impartir la asignatura de Desarrollo Sustentable y, como es obvio, gran parte de mi producción poética. Así surgió el poema Kolombrini Parakata (mariposas monarca en purépecha) las que cada año migran de Canadá a México, específicamente a su santuario en el Estado de Michoacán que por la tala clandestina, año a año, se reduce su superficie; lo mismo que nos está pasando a la especie humana. Y eso no es poesía.

•••●•••

I was born in Montevideo, very far south of the Americas, where nature and the environment are present in the designations of origin. My city's name possibly comes from "Monte ví eu," "I saw a mountain." The exclamation of a Portuguese lookout when spotting the hill of 132 meters. In the Guarani language, Uruguay's name means "river of birds"; once again the nature present, in this case, due to the beautiful birds of a thousand colors. Thirty years ago, I settled down in Mexico, which in Nahuatl means "the navel of the moon." If that is not poetry, what is? The city of Irapuato is my place of residence. In the Tarasca language, it means: "Cerro that emerges from the great plain." Again, I live in a city whose toponymy is marked by an elevation of isolated land of lower height than a mountain. Mexico is the fifth richest country in biodiversity on the planet. The contact with geographies, climates, and such different species has marked my work as a university professor in teaching the subject of Sustainable Development and, of course, much of my poetic production. Thus emerged the poem Kolombrini Parakata, monarch butterflies in purépecha language, which each year migrate from Canada to Mexico, specifically to their sanctuary in the State of Michoacán, whose surface is reduced year after year due to clandestine logging. The same thing is happening to the human species. And that is not poetry.

Iván González
España / Spain

Iván González es un escritor español nacido en Madrid en 1975. Es licenciado en periodismo por la Universidad Complutense de Madrid.

El poeta Iván González es un *flâneur* precoz. Desde que era tan pequeño como un garbanzo le gustaba perderse por las calles de Madrid, hecho que pronto le llevó a buscar el paisaje donde se siente verdaderamente a gusto: la naturaleza.

Y es que de la naturaleza agreste de la sierra de Gredos proceden sus ancestros, que él sepa, por lo menos hasta el siglo XVI, y más concretamente de un pueblo abulense de cuyo nombre sí quiere acordarse, Villafranca de la Sierra.

Siempre que puede, Iván enfila su barco de granito rumbo a la sierra de Guadarrama, la más cercana a Madrid, para internarse en esa Castilla que, lejos de los páramos interminables que el poeta nunca mira con nostalgia de mar --porque el rumor de agua en Madrid es el viento que sopla en las hojas de las encinas--, exhibe un paisaje prodigioso de agujas de pino y ríos claros que brotan de las cumbres nevadas que asoman a Ávila en su cara norte.

Lista de libros publicados. Ha publicado el libro *Otras alas* (Ed. Nostrum, 2005); la novela *Música de un naufragio* (Ed. Círculo Rojo, 2011), finalista del PREMIO ONUBA de novela 2010; el poemario *Silencio del mundo roto* (Ed. Renacimiento, 2014), con el que participó como firmante en la Feria del Libro de Madrid 2014, y que recibió críticas muy positivas de autores tan prestigiosos como Luis Alberto de Cuenca o Fernando Sánchez Dragó; y en formato digital la novela negra *Abrazar un zapato vacío,* que quedó finalista del Premio Ciudad de Barbastro de Novela Corta

2009. Ha publicado la novela *Gigoló en Riad* con la editorial Funambulista, escrita en coautoría y bajo el pseudónimo de Yago Capablanca e inspirada en hechos reales, que ha presentado en la Feria Internacional del Libro de Guadalajara (México) 2019.

Lista de premios. Ha ganado el I CERTAMEN INTERNACIONAL DE POESÍA ETC EL TORO CELESTE 2019 con el poemario «Algas de un mar aéreo».

Contácto: www.ivangonzalezescritor.com

···●···

Iván González (born 1975) is a Spanish writer. He holds a degree in journalism from the Complutense University of Madrid.

The poet Iván González is a *precocious flaneur*. Since the time he was as small as a chickpea, he liked to get lost in Madrid's streets, which soon led him to look for the landscape where he feels truly at ease: nature.

And it is that from the rugged nature of the Sierra de Gredos come his ancestors, that he knows, at least until the sixteenth century, and more specifically from a town of Avila whose name he does want to remember, Villafranca de la Sierra.

Whenever he can, Ivan heads his granite boat to the Sierra de Guadarrama, the closest to Madrid, to enter that Castile that, far from the endless moorlands the poet never sees longing for the sea, because the rumor of water in Madrid is the wind blowing through the leaves of the holm oaks, exhibits a prodigious landscape of pine needles and clear rivers that spring from the snowy peaks leading to Avila in their north face.

List of published books. He has published the book *Other Wings* (Ed. Nostrum, 2005); the novel *Music of a Shipwreck* (Ed. Círculo Rojo, 2011), finalist of the ONUBA PRIZE for novel 2010; the poem *Silencio del Mundo roto* (Ed. Renacimiento, 2014), with which he participated as a signatory at the Madrid Book Fair 2014, receiving very positive reviews from such prestigious authors as Luis Alberto de Cuenca or Fernando Sánchez Dragó; and, in digital format, the thriller *Abrazar un Zapato Vacío,* finalist of the City of Barbastro Prize for Short Novel 2009. He has published the novel *Gigoló* in Riyadh with the publishing house Funambulista, written in co-authorship and under the pseudonym Yago Capablanca, inspired by real events, which he presented at the International Book Fair of Guadalajara (Mexico) 2019.

List of prizes. He has won the I INTERNATIONAL COMPETITION OF POETRY ETC EL TORO CELESTE 2019 with the poem "Algae of an aerial sea."

Contact information: www.ivangonzalezescritor.com

Sean Salas Navarro
Costa Rica

Sean Salas (Heredia, Costa Rica, 1997) es uno de los más jóvenes poetas de su país. En su poesía se escucha el grito de las nuevas generaciones que palpan el pasado desando encontrar la voz que nos salve del futuro que estamos creando.

Sean ha participado en el Taller Literario Daniel Jones y diversos recitales de poesía. Con apenas veintitrés años, sus obras han aparecido publicadas en distintas revistas literarias, entre ellas la revista y editorial *Liberoamérica* y las revistas digitales *Materia Escrita, Monolito, Vuela Palabra* e *Ícaro*.

•••●•••

Sean Salas (Heredia, Costa Rica, 1997) is one of the youngest poets in his country. In his poetry, we hear the new generations' cry that feeling the past, wishing to find the voice that would save us from the future we are creating.

Sean has participated in the Daniel Jones Literary Workshop and various poetry recitals. At just twenty-three years old, his works have been published in multiple literary magazines, including the magazine and publishing *house Liberoamérica* and the digital magazines *Materia Escrita, Monolito, Vuela Palabra*, and *Ícaro*.

Edgar Hernando Suárez Duarte (Nano Sánchez)
Colombia

La naturaleza y la sociedad son en su conjunto «el mundo» al cual debe adaptarse la criatura humana de hoy. Parece, sin embargo, que las exigencias de la sociedad contemporánea (que es una construcción y una acumulación histórica, y no por artificial menos determinante) son tales, que tendemos a perder de vista a la naturaleza, en la cual esta se inscribe y depende. Nuestras necesidades reales, pero sobre todo los antivalores de la cultura del consumo y el rendimiento económico que rigen a ultranza a la cultura occidental (esquema neocolonial y seudo vanguardista predominante) están dando al traste no solo con la belleza única sino con la sostenibilidad, es decir la capacidad de recuperación de un planeta que no puede aguantar más el abuso irracional con que el hombre explota sus entrañas. Es urgente la adopción de nuevos paradigmas de bienestar y progreso, si es que deseamos seguir viviendo y medrando realmente en nuestra casa planetaria. El arte y la poesía recurren a la belleza para hacer llegar su grito de auxilio, ahora que nuestros ciegos pasos han arribado ya el borde del abismo.

Nací en Colombia y resido en Miami, soy artista plástico y escritor. Uno de mis cuentos, «Una semana de mil días» fue finalista en la sexta versión del concurso Cuéntale tu Cuento a la Nota Latina (2019), y hace parte del libro antológico *Así somos*.

Nature and society are "the world" to which today's human creatures must adapt. However, it seems that the demands of contemporary society (which is a construction and a historical accumulation, and not artificially less decisive) are such that we tend to lose sight of nature, in which it is registered and depends. Our real needs, but above all the anti-values of consumer culture and economic performance that govern Western culture at its best (neocolonial scheme and predominant avant-garde pseudo) are ruining not just unique beauty but sustainability, i.e., the recovery of a planet that can no longer withstand the irrational abuse with which man exploits its entrails. The adoption of new paradigms of well-being and progress is urgently needed if we want to continue living and truly prosper in our planetary home. Art and poetry resort to beauty to carry their cry for help, now that our blind footsteps have reached the edge of the abyss.

I was born in Colombia, and I reside in Miami. I am a plastic artist and writer. One of my short stories, "A Week of a Thousand Days," was a finalist in the sixth edition of the contest Tell your Story to the Latin Note (2019), and it is part of the anthological book *Así Somos*.

Antonio Ramírez Córdoba
Puerto Rico

Antonio Ramírez Córdova (1941) es oriundo de Bayamón, Puerto Rico. Poeta, dramaturgo, ensayista, narrador, crítico literario y catedrático universitario retirado. Inició su quehacer poético mientras estudiaba en España. *Humo y viento* (1962) es su primer poemario publicado. Con su siguiente publicación, *Si la violeta cayese de tus manos* (1984), ganó el Premio Mairena y el Premio Nacional de Poesía del Pen Club (1985). A estos libros le siguieron: *Renovada penumbra* (1986), *Para cantarle al amor* (1998), *Un caballo violeta para el sueño* (2001), *Al pie del sigilo* (2009), *Sobre el reloj del tiempo* (2010), *Más allá de las sombras* (2019), obra con la cual ganó el XI Festival Internacional de Poesía de Puerto Rico «Vicente Rodríguez Nietzsche».

Su amor por la poesía le ha llevado a incursionar en los haikus japoneses. El Instituto Tozai Oriente y Occidente de Buenos Aires, en su misiva cursada en el año 2011, reconoció que su poesía haiku ameritaba publicarse, así que ese mismo año fue publicado *Indeclinable asombro.*

Ha escrito teatro breve de vanguardia. Sus obras de teatro han participado en variedad de festivales entre los que se destacan el Festival de Teatro Puertorriqueño (1973), así como en el XXVI Festival de Teatro de Vanguardia del Ateneo Puertorriqueño (2003) y en el 2007 participó como jurado del Premio Internacional de Teatro Ricardo Miró en Panamá

Ramírez ha cultivado la décima y sus trabajos han sido musicalizados y grabados por artistas de su país y por el cantautor uruguayo, Abel García.

Sus poemas han sido traducidos al francés, inglés, portugués e islandés. Además de los premios mencionados, ha obtenido el Premio del Ateneo Puertorriqueño (1986) y el Segundo Premio Certamen José Gautier Benítez (2009).

Su obra literaria sigue dándose a conocer en Chile, Argentina, Venezuela, España y México con publicaciones en revistas literarias, culturales y digitales, así como participando en presentaciones virtuales.

Antonio Ramírez Córdova (1941) is a native of Bayamón, Puerto Rico. Poet, playwright, essayist, narrator, literary critic, and retired university professor. He began his poetic work while studying in Spain. *Smoke and Wind* (1962) is his first published poem.

His following publication, Si la *Violeta Cayese de Tus Manos* (1984), won the Mairena Prize and the Pen Club's National Poetry Prize (1985). These books were followed by *Renovada Penumbra* (1986), *Para Cantarle al Amor* (1998), *Un Caballo Violeta Para el Sueño* (2001), *Al Pie del Sigilo* (2009), *Sobre el Reloj del Tiempo* (2010), *Más allá de las Sombras* (2019), with which he won the XI International Festival of Poetry of Puerto Rico "Vicente Rodríguez Nietzsche."

His love of poetry led him to venture into Japanese haikus. The Tozai Oriente y Occidente Institute in Buenos Aires, in a missive in 2011, recognized that his haiku poetry deserved publication, so that same year *Indeclinable Asombro* was published.

He has written short avant-garde theatre. His plays have participated in a variety of festivals, including the Puerto Rican Theatre Festival (1973) as well as the XXVI Festival of Teatro de Vanguardia del Ateneo Puertorriqueño (2003). In 2007, he participated as a jury of the Ricardo Miró International Theatre Award in Panama.

Ramírez has cultivated the ten-line stanza, and his works have been musicalized and recorded by artists from his country and by the Uruguayan singer-songwriter Abel García.

His poems have been translated into French, English, Portuguese, and Icelandic. Besides the prizes mentioned above, he has won the Puerto Rican Athenaeum Prize (1986) and the Second Prize Contest José Gautier Benítez (2009).

His literary work continues to be released in Chile, Argentina, Venezuela, Spain, and Mexico with publications in literary, cultural, and digital magazines as well as participating in virtual presentations.

Valeria Susana Rodríguez Hernández
Puerto Rico

Valeria Susana Rodríguez Hernández (Caracas, 1977). Licenciada en Educación, mención Educación Integral, Diplomado de Escritura Creativa y Competencias Especializadas en la Escritura, por la Universidad Metropolitana. Especialización en la Enseñanza del Español como Lengua Extranjera en el Instituto La Cunza, San Sebastián y Universitat Autónoma de Barcelona. Cofundadora, cantante principal y compositora del grupo infantil Kaki (2002), con los trabajos discográficos *No me gustan los lunes* (2003) y *Rompekabezas* (2007). Ha cursado talleres de poesía con los poetas venezolanos: Armando Rojas Guardia, Cinzia Ricciuti, Eleonora Requena y Miguel Marcotrillano. Reside en Carolina del Norte desde el año 2015. Actualmente se dedica a la enseñanza del español como lengua extranjera en distintos niveles de educación básica y secundaria. Algunos de sus poemas han sido publicados en la antología *102 Poetas Jamming* (Venezuela, 2014) y en el libro digital: *Pasajeras. Antología del cautiverio,* publicado por la editorial Lector Cómplice (Venezuela, 2020).

•••●•••

Valeria Susana Rodríguez Hernández (Caracas, 1977). Degree in Education, Mention Integral Education, Diploma of Creative Writing and Specialized Skills in Writing, from the Metropolitan University. Specialization in Spanish as a Foreign Language at the Instituto La Cunza, San Sebastián, and Universitat Autónoma de Barcelona. Co-founder, lead singer, and songwriter of the children's group Kaki (2002), with the albums *Me gustan los lunes* (2003) and *Rompekabezas* (2007). She has held poetry workshops with Venezuelan poets Armando Rojas Guardia, Cinzia Ricciuti, Eleonora Requena, and Miguel Marcotrillano. She lives in North Carolina since 2015 and currently teaches Spanish as a foreign language at different levels of primary and secondary education. Some of her poems have been published in the anthology *102 Poets Jamming* (Venezuela, 2014) and in the digital book *Pasajeras. Anthology of Captivity*, published by Lector Cómplice (Venezuela, 2020).

Santiago Ernesto Müller
Argentina

Soy Santiago Ernesto Müller, tengo 62 años, nací en la localidad de Brinkmann, provincia de Córdoba en la República Argentina y he regresado hace cinco años al lugar de mis raíces.

La tranquilidad de mi pueblo (hoy cuidad) me permitió volver a jugar con las letras, como una forma de expresar sentimientos y pensares. Sin darme cuenta me encontré participando en diferentes concursos literarios, pues la profesora y amiga, Betty Baldo, del taller donde inicié mi andar por la poesía, en la localidad de Morteros, al preguntarle si mis poemas valían la pena me dejó por respuesta un desafío: «Participa en los concursos». El primero que envié a Castillo de Palabras de S.C. de Bariloche fue uno de los tres que publicó la revista (abril-mayo 2001) En el 2002, despúes de lograr seis premios, dejé de escribir. En el 2016 retorné a la escritura y a participar en concursos, logré hasta la fecha que cuatrocientas de mis obras fueran premiadas y/o publicadas.

Tengo publicados tres libros: *Palomas/poesías para pensar sobre la dictadura, Mis poemas y yo* y *Ramas florecidas,* cuyos ejemplares, por no dedicarme a su venta, permanecen en casa y eso me hace pensar en para qué escribo; y la verdad es que no lo sé con exactitud aún. Pienso que un escrito puede conmover, hacer razonar, mostrar un nuevo horizonte, hacer brotar unas lágrimas o una sonrisa y tal vez inconscientemente eso busque, pero no puedo asegurarlo. Escribo lo que en la simpleza de mi alma florece, sin saber si sus azares aroman el alma de los que se acercan a la fugacidad de mis letras, o tal vez escriba simplemente porque siento demasiados versos marchitos en mis labios que desearon agradecer el sol de su existencia y las sombras de mi ignorancia, que azuzada por mis temores opacaron sus ansias de libertad. Más allá de la subjetividad en la interpretación que encierran mis prosas trato de que en ellas la esperanza encienda su luz, permanezca en las miradas y florezca en la sonrisa de los labios.

La poesía es la forma que he encontrado para comunicar mis pensamientos, considero a la palabra como el principal medio para el progreso y la paz del ser humano.

•••●•••

I am Santiago Ernesto Muller; I am 62 years old, and I was born in the town of Brinkmann, province of Córdoba, in the Argentine Republic. Five years ago, I returned to the place of my roots.

The tranquility of my village, today a city, allowed me to play again with the lyrics to express feelings and thoughts. Without realizing it, I found myself participating in different literary competitions after Betty Baldo, a friend and workshop teacher where I started my walk through poetry in the town of Morteros, challenged me by saying, "Participate in the contests" when I asked if my poems were any good. The first one I sent to Castillo de Palabras de S.C. de Bariloche was one of the three the magazine published (April–May 2001). In 2002, having won six awards, I stopped writing. In 2016 I returned to writing and participating in competitions. To date, four hundred of my works were award-winners and/or published.

I have published three books: *Pigeons/poetry* to think about the dictatorship, My poems and I, and *Ramas florecidas,* which copies, for not being devoted to their sale, remain at home and make me think about why do I write; and the truth is that I do not know exactly yet. I think a writing can touch, invite reasoning, show a new horizon, draw tears or a smile, and maybe that is what I am unconsciously looking for, but I cannot say for sure. I write what in the simplicity of my soul blooms, not knowing if its chances scent the souls of those who approach the fleetingness of my lyrics. Or perhaps I simply write because I feel too many withered verses on my lips that wished to thank the sun of their existence and the shadows of my ignorance, which pressured by my fears, overshadowed their cravings for freedom. Beyond the subjectivity in the interpretation that encloses my prose, I try to make hope ignite their light, remain in the gazes, and flourish in the smile of the lips.

Poetry is the way I have found to communicate my thoughts. I regard the word as the primary means of the progress and peace of the human being. Today I have managed to get four hundred works recognized in different competitions.

Francesca Ximena Gonzales Muñoz
Perú

Francesca Ximena Gonzales Muñoz nació en el departamento de Lima, Perú, pero muy orgullosa de sus raíces ayacuchanas. Siguió estudios en la Universidad Nacional Mayor de San Marcos y allí obtuvo el grado de Bachiller en Literatura; asimismo, es egresada en la maestría de Literatura Peruana y Latinoamericana. Ha participado en coloquios y congresos sobre literatura peruana, entre ellos el Coloquio «Para vivir mañana» —en homenaje al poeta Washington Delgado— y el Congreso Internacional «Amor hasta la muerte: la poesía pasional de César Moro»; dos de sus poetas favoritos. Ha publicado una reseña sobre el poeta Javier Heraud en la revista *Un Vicio Absurdo* de la Universidad de Lima. Actualmente se dedica a la docencia y a la investigación de su tesis de maestría.

•••●•••

Francesca Ximena Gonzales Muñoz was born in Lima, Peru, but very proud of her Ayacuchan roots. She continued her studies at the National University of San Marcos, obtaining a Bachelor's degree in Literature. She is also has a Master's degree in

Peruvian and Latin American Literature. She has participated in colloquiums and congresses on Peruvian literature, including the Colloquium "To Live Tomorrow" in homage to the poet Washington Delgado and the International Congress "Love to Death: the Passion Poetry of César Moro," two of her favorite poets. She has published a review of the poet Javier Heraud in the journal *Un Vicio Absurdo* of the University of Lima. She is currently engaged in teaching and researching her Master's thesis.

Ana A. Marchena Segura
República Dominicana / Dominican Republic

Nació en la ciudad de Azua de Compostela, en el suroeste de la República Dominicana. Reside en Puerto Rico desde el 1984. Realizó todos sus estudios superiores en la Universidad de Puerto Rico Recinto de Río Piedras.

Se desempeña como profesora de lingüística en varias universidades de la Isla y como consultora educativa para varias compañías locales y extranjeras. Es conferenciante especializada en temas sobre lingüística hispánica, lingüística aplicada y educación.

Tiene varias publicaciones en el área de lingüística y educación. En el 2012 publicó *La doble negación del español dominicano*. Varios de sus poemas y cuentos han sido publicados en las antologías **Abrazos del Sur** (2011, 2012, 2013, 2014 y 2015) del colectivo *Canciones sin fronteras* de escritores latinoamericanos. En *Abrazos del Sur* (2013), publicó su primer cuento *La Singer*. En mayo de 2016, dos de sus obras fueron reconocidas por el Rector de la Universidad de Puerto Rico, Dr. Carlos Severino, dentro del acervo intelectual puertorriqueño en la *Obra Creativa País: Migración* (cuento, 2015) y *Pasado, Presente y Futuro* (poemario, 2014). Este año publicó su segundo poemario *Doledades* (Editorial Santuario) en el marco de la FILSD 2019. Es coautora de las antologías *Grietas en el Tiempo* (Editorial Raíces 2018), que recoge las voces de varios escritores tras el azote inclemente del huracán María y *Patria*, poesía social sobre la corrupción y el gobierno corrupto que socava el país (Editorial Raíces, septiembre 2019).

En el año 2012, recibió un reconocimiento de parte la Academia Dominicana de la Lengua por el aporte de sus investigaciones sobre el español dominicano. Designada *Embajadora Cultural* por la gobernación de Azua de Compostela (2013);

Hija Meritísima de Azua (2013); *Profesora Emérita* Universidad Tecnológica del Sur (2013). En septiembre 2016, fue una de las escritoras de la Diáspora Dominicana invitada de honor a la Feria del Libro Dominicano del Ministerio de Cultura. Ha participado como invitada en varias ferias de libro internacionales como ponente y presentadora de libros (FILSD 2016, 2019), Madrid 2018, Cuba 2018. El 23 de marzo de 2018 fue galardonada con el Reconocimiento *Mujer Meritoria* concedido por la Comisión Permanente de Equidad y Género de la Cámara de Diputados de la República Dominicana. En 2019, la Asociación Internacional de Poetas y Escritores Hispanos le concedió el reconocimiento *Pluma de Oro* por su poemario *Doledades*. Este año, el Latin American Cultural Heritage, con sede en Nueva York, publicó seis de sus poemas en su antología LACUHE 2020.

•••●•••

She was born in the city of Azua de Compostela, in the southwest of the Dominican Republic. She has lived in Puerto Rico since 1984. She completed all her higher studies at the University of Puerto Rico Campus of Río Piedras.

She serves as a linguistics professor at several universities on the island and as an educational consultant for several local and foreign companies. She is a lecturer specializing in topics on Hispanic linguistics, applied linguistics, and education.

She has several publications in the area of linguistics and education. In 2012 she published The Double Denial of Dominican Spanish. Several of her poems and short stories have been published in the anthologies *Abrazos del Sur* (2011, 2012, 2013, 2014, and 2015) of the collective Songs Without Borders by Latin American writers. In *Abrazos del Sur* (2013), she published her first short story *La Singer*. In May 2016, two of her works were recognized by the dean of the University of Puerto Rico, Dr. Carlos Severino, within the Puerto Rican intellectual acquis in the *Country Creative Work: Migration* (story, 2015) and Past, Present, and Future (poemario, 2014). This year she has published her second poem *Doledades* (Editorial Santuario), within the framework of FILSD 2019. She is co-author of the anthologies Cracks in Time (Editorial Raíces 2018), which collects several writers' voices after the inclement scourge of Hurricane Maria, and *Patria,* social poetry about corruption and the corrupt government that undermines the country (Editorial Raíces, September 2019).

In 2012, she received recognition from the Dominican Academy of Language for the contribution of her research on Dominican Spanish. Appointed *Cultural Ambassador* by the governorate of Azua de Compostela (2013); *Meritísima hija of Azua* (2013); Professor *Emeritus* University of Southern Technology (2013). In September 2016, she was one of the Dominican Diaspora guest writers of honor at the Dominican Book Fair of the Ministry of Culture. She has participated as a guest at several international book fairs as a speaker and book presenter (FILSD 2016,

2019), Madrid 2018, Cuba 2018. On March 23, 2018, she was awarded *the Meritoria Women's Recognition*, granted by the Standing Committee on Equity and Gender of the Chamber of Deputies of the Dominican Republic. In 2019, the International Association of Hispanic Poets and Writers awarded her the *Golden Feather* for her poem *Doledades*. This year, the New York-based Latin American Cultural Heritage published six of her poems in its 2020 LACUHE anthology.

Raúl Oscar Ifrán
Argentina

Raúl Oscar Ifrán es un escritor de la Ciudad de Punta Alta, Buenos Aires, Argentina, nacido en 1952. Ha obtenido innumerables premios nacionales e internacionales a lo largo de los años y una gran cantidad de sus trabajos han sido publicados en varias antologías. Por limitaciones de espacio no podemos presentar todas las distinciones recibidas, pero reseñamos acá algunas de los últimos años, entre las que se encuentran:

El segundo premio de poesía en el XVII Certamen Nacional de Literatura Leopoldo Lugones de Necochea recibido en el año 2018. El tercer premio en el III Concurso de Microrrelatos de la Biblioteca Pública de las Misiones, Misiones, Argentina, publicado en el folleto *Mundo Onírico*, año 2016. En el año 2015 obtuvo tres reconocimientos: segundo premio en el V Concurso Baros de Poesía de la Sociedad Española de Endocrinología y Nutrición, Madrid; primer premio de poesía en el XV Concurso Nacional de Cuento y Poesía de la Asociación Civil Arte y Cultura de Merlo, Merlo, Buenos Aires, Argentina y el primer premio en el III Concurso Internacional de Narrativa del Centro Vasco Francés de Buenos Aires, publicado en el libro *La mujer vasca*. Durante el 2013 obtuvo el primer premio de poesía fallera Manuel Pérez Yuste de Utiel, Valencia, publicado en el libro *Falla Plaza de San Juan* (2013); el primer premio en el XV Certamen de Poesía Andrés García Madrid, del Ateneo Cultural I de Mayo de Madrid, publicado a página central en el periódico *Madrid Sindical* nro. 81; el tercer premio en el Certamen de Poesía Internacional Facundo Cabral del Gremio de Artistas Latinoamericanos de Miami; seleccionado en el II Certamen de Poesía Antológica de Casa de los Poetas de Puerto Rico. Publicado en el libro *El mar. Antología de poesía*; resultó finalista del Concurso de Cuentos Cortos de La Asociación Mundial de Educadores Infantiles, Amei Waece de Madrid y publicado en el libro *La cuesta de los perros* de Béjar, Salamanca.

Raúl Oscar Ifrán (born 1952) is an Argentine writer from the City of Punta Alta in Buenos Aires, Argentina. He has won countless national and international awards over the years, and a large number of his works have been published in various anthologies. Due to space limitations, we cannot present all the distinctions received, but we review here some of last years', among which are:

••●●●••

Second prize of poetry at the XVII National Literature Competition Leopoldo Lugones de Necochea received in 2018. Third prize in the III Microrelates Competition of the Public Library of Missions, Missions, Argentina, published in the brochure *Mundo Onírico,* 2016. In 2015 he won three awards: second prize in the V Baros De Poesía Competition of the Spanish Society of Endocrinology and Nutrition, Madrid; first prize of poetry in the XV National Contest of Tale and Poetry of the Civil Association Art and Culture of Merlo, Merlo, Buenos Aires, Argentina and the first prize in the III International Narrative Competition of the French Basque Center of Buenos Aires, published in the book *The Basque Woman*. During 2013 he won the first prize of fallera poetry Manuel Pérez Yuste de Utiel, Valencia, published in the book *Falla Plaza de San Juan* (2013); first prize in the XV Poetry Competition Andrés García Madrid, of the Cultural Athenaeum I de Mayo de Madrid, published on the main page in the newspaper *Madrid Sindical* no. 81; third prize in the Facundo Cabral International Poetry Competition of the Miami Guild of Latin American Artists; selected in the II Antological Poetry Competition of Casa de Los Poetas de Puerto Rico. Published in the book *El Mar.* Anthology of poetry; was a finalist of the Short Stories Competition of The World Association of Children's Educators, Amei Waece of Madrid and published in the book *La Cuesta de los Perros* in Béjar, Salamanca.

www.ingramcontent.com/pod-product-compliance
Lightning Source LLC
Chambersburg PA
CBHW060430050426
42449CB00009B/2223